AVENTURES

DE

M. ET MME DURUOF

IMPRIMERIE EUGÈNE HEUTTE ET Ce, À SAINT-GERMAIN

Jules Duruof.

Madame Duruot.

AVENTURES

DE

M. ET Mme DURUOF

LES SOIXANTE ASCENSIONS DE DURUOF
RACONTÉES PAR LUI-MÊME

AVEC PORTRAITS ET GRAVURES

PARIS
AUGUSTE GHIO, ÉDITEUR
QUAI DES GRANDS-AUGUSTINS, 41

1875

Les journaux n'ont pu raconter, avec un développement suffisant, le grand drame aérien qui a tenu pendant plusieurs jours toute l'Europe en suspens. Tenant de la bouche de Duruof, que j'ai piloté en Angleterre, tous les détails de cette ascension mémorable, j'ai cru devoir les mettre sous les yeux du public.

Je ne pense pas avoir été à même de trouver une manière plus énergique de remercier nos amis d'Angleterre de l'honorable sympathie dont ils ont fait preuve en faveur des deux époux.

Comme si tout contribuait pour augmenter le prix de ce bon accueil, j'ajouterai que, suivant toute probabilité, le gros navire, dont la vue a déterminé Duruof à tenter la descente, était allemand. Ce navire, voyant les couleurs tricolores, a viré de bord, pendant qu'un imperceptible navire pêcheur a sauvé nos amis... et ce navire était anglais.

AVENTURES

DE

M. ET MME DURUOF

LES SOIXANTE ASCENSIONS DE DURUOF

Sa Naissance.

Jules Duruof naquit à Paris en 1841. Son père, ancien militaire de la grande armée, mourut il y a sept ans environ, laissant sa veuve avec deux fils et une fille. Le frère aîné de Duruof est fabricant de baromètres anéroïdes; quant à lui, il étudia la mécanique et le dessin, et débuta dans le cabinet d'un agent de brevets.

Il est marié depuis environ dix ans. Sa femme, dont le nom de demoiselle est Morrière, l'assiste en cousant et en réparant ses ballons. Elle est la plus jeune de six enfants, dont cinq sont des filles. Elle est née elle aussi à Paris, ses parents vivaient honorablement de leur travail.

Débuts de Duruof.

Ainsi que beaucoup d'autres Parisiens, Duruof montra de bonne heure un penchant irrésistible vers l'aérostation; il fut employé par hasard comme aide de manœuvre dans le *Géant*, de Nadar.

Duruof ne prit pas part à l'expédition désastreuse du Hanovre. Mais on peut dire que ses débuts ont en quelque sorte caractérisé toute sa carrière aérienne.

Sa première ascension eut lieu à Amsterdam, avec un vent soufflant en droite ligne vers le Zuyderzée; mais grâce à un léger changement du courant aérien le ballon tomba sain et sauf dans la mer de Harlem, qui à cette époque avait été presque entièrement rendue à la culture.

Dans la même année le *Géant* exécute une ascension à Lyon, et est poussé sur les Cévennes, chaîne de montagnes de la France centrale, fameuse par ses ravins profonds et ses épaisses forêts, où les prédicateurs protestants se cachaient du temps où Louis XIV chargeait ses dragons d'obliger ses sujets à n'avoir qu'une seule foi. Le vent était si fort, qu'en moins de deux heures l'immense ballon fut entraîné à cent milles.

La nacelle fut traînée pendant cinq milles au travers d'une épaisse futaie de pins et de noyers, laissant derrière elle un large sillon de branches brisées et d'autres déracinées. L'altitude du point d'arrêt était de plus de 1,800 pieds, ce qui montre dans quelle dangereuse situation se trouvèrent les voyageurs à onze heures du soir.

En Belgique, Duruof et Groof.

Deux ans plus tard, Duruof obtint de sa mère l'argent nécessaire à la construction d'un petit ballon de soie qu'il nomma *le Rapide*. Il accomplit à Bruges une ascension en compagnie de Groof, le même qui vient de périr d'une manière si tragique à Chelsea, il y a peu de mois, en essayant une descente à l'aide de sa machine volante. Le ballon devait s'élever d'une place éloignée du gazomètre où il avait été gonflé. Pendant l'opération un accroc avait été fait, et il fut trouvé que le ballon avait perdu une si grande partie de son pouvoir ascensionnel qu'il ne pouvait plus porter qu'une seule personne.

De Groof et Duruof ayant été placés tous les deux dans une balance, il se trouva que de Groof était moins lourd de huit livres environ. En conséquence, il fut choisi pour partir seul, bien qu'il ne fût jamais monté en ballon. Il s'enleva, et exécuta avec le plus grand sang-froid son audacieuse expérience, donnant une preuve de la courageuse obstination qui lui fut si fatale à Crémorne.

Le dimanche suivant, l'accroc du *Rapide* ayant été réparé, de Groof et Duruof s'enlevèrent tous les deux dans les airs. La descente eut lieu dans le célèbre canal de Gand.

Autres Ascensions en Belgique.

Duruof eut ensuite plusieurs engagements en Belgique, notamment à Bruxelles et à Dinan. Dans cette dernière ville, l'usine à gaz qui devait fournir 18,000 pieds cubes de gaz ne put en donner que 9,000. Un tel contre-temps eût empêché l'ascension d'un aéronaute moins déterminé, mais Duruof enleva sa nacelle, attacha au cercle un petit panier juste assez grand pour poser ses pieds, et il s'enleva *sans grappin, sans guide-rope, et sans lest.*

De cette manière, il parcourut une vingtaine de milles, après être monté à une hauteur considérable, et il descendit avec une force effroyable. Heureusement pour lui, il tomba dans le parc du baron Godin où il y avait des arbres élevés dont les branches en se brisant amortirent sa chute et lui sauvèrent la vie. Mais il faisait nuit, et Duruof, perché au sommet d'un de ces arbres, était dans l'impossibilité de descendre, sans perdre son ballon qui se fût envolé. Heureusement un garde champêtre faisant sa tournée découvrit l'aéronaute dans sa singulière position. Il se mit en fureur, proféra des menaces, et courut avertir le baron de Godin pour faire arrêter le vagabond coupable d'un bris de clôture par en haut. Le baron, au lieu de suivre ces farouches conseils, ordonna à ses gens d'aider Duruof, lui offrit une joyeuse hospitalité, et le conduisit à Namur, non comme un criminel entre deux gendarmes, mais assis triomphalement dans sa voiture.

Duruof et Gaston Tissandier.

Après avoir terminé ses ascensions avec le *Rapide*, Duruof acheta très-bon marché une portion du ballon de Nadar. C'était une sorte d'appendice qui se dilatait au fur et à mesure qu'on le remplissait de gaz, et qui avait la forme la plus étrange qu'il soit possible d'imaginer. On l'avait coupé en deux, afin d'y ajouter une rallonge et de lui donner une capacité de deux ou trois mille pieds cubes. Ce ballon extraordinaire fut nommé *le Touriste*. Il fit une ascension à Valenciennes, où il lui arriva un des accidents les plus singuliers dont il soit fait mention dans l'histoire des ballons.

A Valenciennes et dans les environs, on transforme beaucoup de charbon en coke. Cette opération se fait dans des cornues où le charbon est brûlé, le gaz se répand dans l'air en se brûlant au lieu d'être recueilli dans un gazomètre. Ces colonnes de feu de vingt pieds de haut donnent une immense quantité de chaleur qui rayonne à une grande distance dans l'atmosphère.

Duruof était passé au-dessus d'une série de fours à coke, le gaz du *Touriste* fut instantanément échauffé, et le ballon monta à une hauteur beaucoup plus considérable qu'il ne s'y attendait. Nous n'aurons pas besoin de dire que la descente fut dangereuse; il tomba de plusieurs milliers de pieds, sans avoir le moindre lest.

En dépit de ces dangers et de ces périls, le succès de ses ascensions fut suffisant pour encourager Duruof à poursuivre sa carrière. Sa mère lui donna l'argent nécessaire à l'acquisition d'un ballon de 1,200 mètres cubes qu'il nomma *le Neptune*; c'est un ballon dont le nom restera toujours célèbre et dont nous devons esquisser l'histoire.

Pendant le temps de l'Empire, le 15 août était célébré dans toutes les villes de France par des fêtes et des ascensions de ballons. La ville de Calais, par suite de sa situation géographique, n'était pas très-aimée des aéronautes, en conséquence les offres de Duruof furent acceptées sans difficulté en 1868.

Pendant que Duruof gonflait son ballon, un jeune homme lui demanda de prendre place dans sa nacelle. Il n'avait jamais vu ce solliciteur, cependant la franchise avec laquelle il avait présenté sa requête disposait Duruof en sa faveur, et la place fut accordée. Ce postulant était M. Gaston Tissandier, qui depuis cette époque est arrivé à une situation éminente dans la presse scientifique. Il est aujourd'hui le rédacteur en chef du journal *Nature* et il a rempli un rôle important dans les opérations aéronautiques de la dernière guerre.

Le vent soufflait du large, et il était probable que l'ascension aurait lieu dans les plaines de la Picardie ou de la Flandre. Mais le courant supérieur, quoique peu fort, ne suivait pas la même route, et les voyageurs aériens ne tardèrent pas à s'apercevoir qu'ils étaient entraînés dans une direction différente en pleine mer. Ils ne savaient quel parti prendre et commençaient à être inquiets de leur sort, lorsqu'ils remarquèrent au-dessous de leur niveau une série de petits nuages qui suivaient une direction horizontale et semblaient se diriger vers la France. Il était dès lors facile de voir ce qu'il y avait à faire pour éviter le danger d'aller se perdre au large. Duruof ouvrit la soupape, et le ballon trouvant le courant inférieur fut bientôt entraîné dans la direction de la France. En une demi-heure, les aéronautes eurent la terre ferme sous les pieds. L'application des alternatives de courants (si fréquentes sur les côtes de la mer) aux opérations aéronautiques était découverte, elle ouvrait un champ immense aux aéronautes de l'avenir.

La satisfaction éprouvée par les voyageurs fut si grande qu'ils oublièrent pendant quelques instants de surveiller leur route, et qu'ayant jeté les os d'un poulet qu'ils avaient mangé, ils s'élevèrent sans s'en apercevoir, et furent de nouveau entraînés par le courant supérieur au-dessus du détroit. Duruof, après avoir parcouru quelques milles sur la mer, ouvrit de nouveau la soupape, et le même résultat que précédemment fut obtenu, avec une petite différence due à la configuration de la côte. Le ballon suivait une route telle que s'il eut manqué le cap Grisnez, il eût été lancé définitivement au-dessus de la mer du Nord. En conséquence, Duruof fut obligé d'ouvrir complétement la soupape et de descendre si vite que Tissandier éprouva un choc très-violent. Sans arrêter le *Neptune*, il fallut l'éventrer avec la corde de déchirure. Le détail de cette ascension est décrit d'une manière très-intéressante dans : *Voyages dans l'air*, ouvrage édité par M. James Glaisher, membre de la Société royale de Londres.

Duruof aux Arts et Métiers.

Cette première ascension en France causa une telle sensation, qu'il fut décidé qu'on ferait des expériences aux Arts et Métiers, à la place où Gay-Lussac et Biot exécutèrent leur ascension au commencement du siècle. Le *Neptune* fut raccommodé avec soin et envoyé à Paris. M. Duruof, M. Tissandier et moi-même nous partîmes du jardin de cet établissement munis d'appareils gracieusement prêtés par M. Tresca. Le vent était assez violent, et l'ascension dangereuse, car il était possible que le ballon fût brisé contre les murs du bâtiment. Duruof qui était notre capitaine tourna la difficulté en jetant une si grande quantité de sable que nous montâmes comme si nous avions été lancés dans l'air par un puissant ressort ou par une catapulte.

Cette ascension fut remarquable par la découverte de faits scientifiques que nous n'avons pas à exposer ici, et elle se termina par la constatation extraordinaire d'une puissance mécanique que l'on ne connaissait ni ne soupçonnait.

Après avoir voyagé pendant 4 ou 5 heures avec une vitesse modérée, nous résolûmes de descendre sur la frontière du département du Calvados. Aussitôt que nous fûmes arrivés à une petite hauteur, nous trouvâmes le courant d'en bas, qui ne s'était pas calmé depuis notre départ, et le pauvre *Neptune* se mit à traîner son ancre avec une vitesse terrible. La corde de l'ancre, qui avait plus de soixante-dix pieds de long, était très-forte et en très-bon état, mais elle n'était pas destinée à servir dans une tempête aussi forte que celle que nous subissions, et le grappin dansait d'une manière effrayante au travers des champs, des arbres et des haies.

Tout à coup nous entendîmes un fort choc et nous nous trouvâmes dessous notre nacelle qui avait été renversée d'une manière inexplicable ! Le ballon avait éclaté à une hauteur qui n'était pas moindre que celle de la coupole du palais de cristal de Londres et nous avions été précipités sains et saufs sur la terre. Le grappin avait rencontré les fondations d'un mur et le choc avait éte assez grand pour faire éclater le ballon. Tout le gaz s'était échappé dans l'air, et l'étoffe, soulevée par le vent, nous avait soutenus suffisamment pour nous éviter un choc trop brusque.

Nous étions descendus comme trois chats attachés par de méchants enfants à la queue d'un *cerf volant*. La corde n'avait pas rompu, mais, dès que le vent avait cessé de la tendre, elle avait produit l'effet d'un ressort qui se débande et avait retourné la nacelle.

Ascension de Monaco.

Le *Neptune* fut raccommodé une seconde fois par Mme Duruof, et une ascension fut essayée à Monaco à la fin de la même année. La constitution de l'atmosphère était précisément la même que lors de l'ascension de Calais. Le courant d'en bas soufflait de la mer sur la terre, et le courant supérieur, au contraire, entraînait le ballon vers la Méditerranée. Mais la tâche n'était pas aussi simple que lorsqu'on était au-dessus de la Manche, à cause du voisinage de hautes montagnes. Il était impossible aux aéronautes de se confier au courant d'en bas, qui eût conduit le ballon vers une contrée escarpée. En conséquence, ils préférèrent courir le risque de faire une excursion au milieu des vagues.

Après avoir couru quelque temps dans la direction du large, Duruof résolut de revenir vers la terre, en se servant du courant d'en bas; mais, malheureusement, un autre ennemi jouait son rôle dans le drame. C'était un immense nuage qui inonde de pluie le pauvre *Neptune*. Le poids de l'eau était si considérable, que Duruof dépensa tout son lest sans pouvoir maintenir son ballon en l'air. Bientôt le *Neptune* est obligé de devenir l'esclave des flots sur lesquels il prétend régner. Les passagers assis dans la nacelle prennent peur, mais Duruof ne cesse de gouverner son ballon, et bientôt il se dirigea à toutes voiles vers la terre, traînant à la remorque sa nacelle ainsi que le fit, quatre ans plus tard, le *Tricolore* au-dessus du Dogger Bank.

Le rivage étant à peu de milles, les passagers et l'aéronaute furent bientôt à terre, à l'exception d'un personnage, qui avait des raisons personnelles pour préférer le séjour des vagues au voisinage de la terre. C'était un déserteur italien qui avait été pris par Duruof comme aide, et qui aimait mieux courir le risque d'être noyé, que d'être enfermé dans une prison militaire et d'être condamné à quelques années de galères.

Heureusement pour lui, un bateau de pêche vint au secours du ballon pour le ramener à Monaco ; il fut pris comme passager à bord, et restitué à une terre neutre sans avoir posé ses pieds sur le sol de son pays natal.

Cette scène singulière eut lieu à Saint-Remo, au mois de décembre 1869.

Duruof force les lignes prussiennes.

C'est à cette époque que les affaires de la France commencèrent à devenir singulièrement embrouillées. L'année 1870 commença sous les plus tristes auspices, les coups de pistolets d'Auteuil, le plébiscite, et enfin la déclaration de guerre.

Aucune proposition ne fut acceptée par le gouvernement pour l'établissement d'un service de ballons; personne n'y pensa, tant qu'il fut possible de supposer que la fortune n'avait pas complétement abandonné les aigles françaises. Ce ne fut que lorsque l'heure de la détresse arriva, qu'on pensa aux machines aériennes, qui avaient rendu tant de services pendant la guerre de la première révolution.

Par bonheur, le *Neptune* était à Paris, et Duruof fut le premier à offrir ses services au gouvernement, avec Nadar et quelques amis. Ces offres furent acceptées, et un contrat fut passé pour fournir au gouvernement vingt ballons et pour former des aéronautes pour les diriger dans l'air.

Le *Neptune* fut acheté par le gouvernement pour faire des ascensions captives, et un observatoire militaire fut établi à Montmartre, place

Saint-Pierre. Il a été représenté dans les journaux illustrés du monde entier.

Mais il ne fut pas plutôt établi, que le besoin le plus urgent n'était pas de voir où étaient les Prussiens, car il était facile à deviner qu'ils étaient campés le plus près possible des défenses de la ville. Le problème à résoudre était de communiquer avec le reste de la France, et d'envoyer des ordres à la délégation du gouvernement à Tours. En conséquence, le système des observatoires fut abandonné, et les ballons furent destinés à servir de moyens de communication.

Duruof, qui devait diriger la construction des ballons, devait évidemment être le dernier à partir. Mais lorsqu'il s'agit de trouver un voyageur pour le premier voyage, personne ne voulut accepter. Chacun semblait reculer devant la perspective de devenir le but d'un boulet prussien, avec un ballon qui avait été à peu près mis hors de service par suite d'une longue exposition aux intempéries de l'air, et qui perdait le gaz avec une rapidité prodigieuse.

Duruof, voyant l'anxiété générale de ses hommes, dit : Je partirai. C'est ce qu'il fit un matin de septembre. Il s'éleva avec un fort pouvoir ascensionnel, pendant un vent violent, de sorte qu'il fut en quelques minutes hors de la vue des Parisiens.

Le service des ballons a été inauguré par un fait de hardiesse sans pareil dans l'histoire aéronautique, mais auquel Duruof, on peut le dire, avait été bien préparé par ses précédentes aventures. Aucun autre aéronaute français n'eût été capable de diriger un ballon qui perdait la moitié de son gaz dans une heure de temps.

Quand il passa au-dessus des Prussiens, Duruof eut à jeter son lest par sacs et non par poignées, ainsi que cela a lieu dans les ascensions ordinaires. En moins d'une heure, plus de six quintaux de sable lui passèrent par les mains.

Tout en conservant, dans le danger, son sang-froid, ce qui est le signe caractéristique d'un véritable aéronaute, il ne perdit pas l'occasion de gratifier les Allemands de ses cartes de visite. L'ennemi était furieux de voir l'aéronaute français échapper au blocus, et un violent feu de mousqueterie fut ouvert sur le *Neptune*. Mais le *Neptune* était hors d'atteinte, et, en outre, il avait tant de trous, que Duruof entendait siffler les balles avec une parfaite indifférence.

Cependant le feu était si violent, que l'on a rapporté que plusieurs soldats allemands furent blessés ou tués par les balles qui retombaient avec une force proportionnée à leur poids et à la hauteur à laquelle elles étaient montées. Cet accident donna naissance à la fausse impression que Duruof avait fait feu sur les Allemands, et devint l'objet de représentations diplomatiques.

Cette ascension, qui ouvrit la voie aux sorties de Paris par ballons, se termina à Cracouville, dans le parc de l'amiral Laroncière-le-Noury, qui était l'un des officiers les plus distingués qui exerçaient un commandement important dans Paris.

Deux heures après avoir quitté Paris, Duruof était assis dans un wagon de chemin de fer, se rendant, pas un train spécial, d'Évreux à Tours, où il était attendu avec la plus grande impatience par le gouvernement.

Plusieurs ballons quittèrent Paris après le départ de Duruof, et les aéronautes, ayant pris terre successivement, il fut décidé, par le gouvernement de Tours, qu'on établirait un service de ballons dans les villes qui étaient en danger d'être assiégées par les Prussiens, et dans plusieurs corps d'armée. Duruof reçut l'ordre de construire à Lyon un ballon de soie qui servit à faire des ascensions captives à l'armée de la Loire, commandée alors par le général Chanzy. Ce ballon est aujourd'hui la propriété de l'observatoire de Paris, et M. Leverrier le destine à des expériences scientifiques.

Duruof pendant la Guerre et pendant la Commune.

Duruof exécuta plusieurs ascensions captives dans le camp français pour inspecter les positions prussiennes, quand l'armée allemande était à Arthenay. Il construisit un certain nombre de ballons en papier, dont on se servit pour correspondre avec plusieurs villes assiégées, notamment avec Belfort, la forteresse héroïque qui fut si vaillamment défendue par le colonel Denfert, que l'armée allemande ne put pas s'en emparer.

A Tours et à Bordeaux, il prépara des ballons de guerre, et fut envoyé à Lille, comme moi-même, et plusieurs autres aéronautes, pour tenter de retourner à Paris en profitant de la direction des vents.

La paix interrompit nos opérations, et Duruof retourna à Paris dans sa famille.

Quand la Commune fut proclamée, il fut mis en réquisition pour diriger le service des ballons. Son amour pour l'art aéronautique le poussa à accepter cette position, mais il ne ressentit jamais aucun enthousiasme pour la cause qu'il avait épousée à peu près malgré lui.

Cependant il construisit des ballons pour répandre des proclamations et adopta un plan qui eût pu être utilisé si la cause pour laquelle ces véhicules aériens étaient inventés eût été moins mauvaise.

Quand l'armée de Versailles prit possession de Paris, Duruof s'échappa sous un déguisement, et il fut employé par un aéronaute français qui exécutait des ascensions en Belgique, en Hollande et en Italie.

Comme son compagnon partait pour la Russie, Duruof se sépara de lui et construisit un petit ballon qu'il appela *Torino*, qui cubait seulement 10,000 pieds cubes. Avec ce ballon, il exécuta plusieurs ascensions à Turin avec succès.

Duruof tomba dans le Pô, et fut repêché par des mariniers qui lui demandèrent une grosse somme d'argent qu'il ne pouvait ni ne voulait leur donner. Voyant cela, les féroces sauveteurs résolurent de le ramener à l'endroit d'où ils l'avaient tiré, et ils allaient mettre leur menace à exécution lorsque, heureusement pour Duruof, quelques gendarmes firent leur apparition. Les pêcheurs furent obligés de le laisser sur la terre ferme sans qu'il eût payé la prime qu'ils voulaient extorquer.

Dégoûté de pratiquer son art dans un pays si peu hospitalier, et désireux de revoir sa mère et sa femme, il revint à Paris où il reprit ses premières occupations d'ingénieur et de dessinateur.

Il exerçait pacifiquement ses nouvelles occupations lorsqu'il fut arrêté et traduit devant le conseil de guerre pour sa participation à la Commune.

En dépit des efforts du commissaire du gouvernement, il fut acquitté à l'unanimité par le tribunal militaire. Les officiers français ne furent pas oublieux des services rendus au gouvernement dans des circonstances si mémorables. Ce verdict fut hautement approuvé par l'opinion publique, et il contribua très-certainement à arrêter plusieurs poursuites peu utiles.

Les ascensions de Duruof après sa mise en liberté.

Peu de jours après avoir été ainsi honorablement acquitté, Duruof reçut l'ordre de construire un ballon de 2,500 mètres cubes pour la Roumanie. Ce ballon devait être essayé avant d'être payé. L'ascension eut lieu en présence de son acheteur à l'usine à gaz de la Villette, dans le mois de mars. Le vent était très-violent. Les voyageurs aériens étaient au nombre de six ; ils étaient enfermés dans un panier très-étroit, et ils auraient été en grand danger s'ils n'avaient pas été confiés à des mains aussi expérimentées. Mais la descente fut effectuée à Vic-sur-Aisnes avec un tel succès que le ballon put être emporté en Roumanie sans aucune réparation. Le contrat avait été fait de telle manière que toutes les avaries devaient être réparées aux frais du vendeur. Dans cette occasion, Duruof découvrit une nouvelle manière d'empaqueter son ballon, ce système a été depuis mis en pratique avec succès dans plusieurs occasions, et il peut être considéré comme un grand progrès réalisé dans la manœuvre.

Duruof exécuta ensuite plusieurs ascensions avec son ballon le *Torino* (qu'il possède encore aujourd'hui). Deux de ces ascensions eurent lieu à Soissons, à l'occasion de la réunion de la Société d'agriculture. Ces deux ascensions, ainsi que la plupart de celles qu'il entreprit, furent l'occasion de quelques remarques intéressantes. L'une se termina dans la forêt de Reims, et l'autre dans la forêt de Villers-Coterets, célèbre par le nombre des sangliers qui se cachent dans ses retraites.

Les paysans étaient en train d'aider l'aéronaute lorsqu'ils furent surpris par un spectacle singulier. Les sangliers avaient été si effrayés par la descente du ballon, que l'un d'eux s'élança dans la foule et se sauva au travers des rangs des villageois surpris de l'audace de cet animal.

La dernière ascension de Duruof, avant son célèbre plongeon dans l'océan germanique, fut exécutée cette année au Creusot. Cette ascension peut être considérée comme l'une des plus caractéristiques de toutes celles qu'accomplit Duruof, car elle montre avec quel soin il prépare ses ballons. Le livre de bord du voyage du Creusot est compris dans le nombre des reliques qui ont été exposées au Crystal-Palace, à Londres.

L'ascension faisait partie d'une fête donnée par M. Schneider, l'ancien président du Corps législatif du temps de l'Empire.

Mais le gaz du Creusot est très-mauvais, parce que le charbon de cette partie de la France est très-bon. Duruof, après avoir reconnu, avec ses balances, que le pouvoir ascensionnel était insuffisant, se procura un petit nombre de mètres cubes d'hydrogène pur et put partir, grâce à cet intelligent subterfuge que je recommande à tous les hommes de l'art.

L'ASCENSION DE CALAIS.

A Calais.

Il ne peut y avoir à Calais de solennités aéronautiques sans Duruof. Le souvenir du 15 août 1868 s'y est en quelque sorte perpétué par ses aventures ultérieures et par celles de Gaston Tissandier.

Dès que l'on se fut décidé à célébrer des fêtes, la commission songea au hardi capitaine du *Neptune*. Sa proposition arriva au moment où on allait lui envoyer une demande.

Duruof annonçait *great attraction* qu'il tenterait le passage du détroit. Cette entreprise dans laquelle Pilastre des Roziers, le plus glorieux des aéronautes, perdit la vie, n'a pu être réalisée depuis lors. Aucun des fils de l'air n'a eu le droit de placer une couronne de chêne sur le modeste monument de la forêt de Guignes.

Est-ce que cette impossibilité n'est point comme un défi jeté à la face de tous les praticiens, de tous les hommes de science qui courent les airs à la chasse d'une mesure thermométrique et de tous les *sportmen* qui vont chercher là-haut une sensation, une idée?

Tant que l'on n'aura pu passer de l'autre côté de la Manche, sans avoir d'autre *truc* que de choisir son vent, on n'aura pas le droit de compter sur l'emploi futur des courants aériens. Les critiques *qui restent à terre* trouveront de l'écho dans la vile multitude des trembleurs, chaque fois qu'ils se moqueront de nos rêves. N'est-il pas temps de justifier les aéronautes qui, comme Duruof et moi, ont choisi Lille pour point de départ des ballons destinés à rentrer à Paris?

La somme votée était petite.

La commission qui prenait à sa charge les frais de gaz et de gonflement, croyait se montrer généreuse en donnant pour toute indemnité à Duruof une somme de sept cents francs. Une ascension de terre dans des conditions ordinaires aurait plus rapporté.

Il est vrai que la commission laissait à l'aéronaute du siége toute sa liberté d'action.

Si le vent soufflait vers la terre, Duruof avait la chance d'exécuter sa descente dans les plaines de Flandre ou de Picardie. Si le vent sud-ouest régnait, Duruof attendait et remettait l'ascension jusqu'au lendemain. Si la direction dangereuse persistait, Duruof n'était point obligé, comme le roi des rois pendant le siége de Troie, d'attendre indéfiniment que le vent soufflât dans une autre direction. On lui remettait l'argent, et il était dispensé d'exécuter l'ascension !

Le comité des fêtes avait, comme on le voit, pleine confiance dans son courage et dans sa loyauté. Il était seul juge de l'opportunité du *lâchez tout*. Comment une descente en mer dont il s'était très-brillamment acquitté à Monaco en présence de l'infini *relatif* de la Méditerranée lui aurait-elle fait peur dans le Pas-de-Calais ?

Son ballon, le *Tricolore,* était construit avec un soin qu'il n'avait mis dans aucune autre construction. Il avait calculé l'épure point par point. Il avait surveillé lui-même la régularité de la couture que sa femme exécutait sous ses yeux. Quatre fois il avait fait défaire les fils qui retenaient la corde de déchirure. Le matin même de l'ascension, à la pointe du jour, il vernissait encore son ballon. Il peignait autour de l'équateur de gracieux festons aux couleurs nationales. Le soleil ne pouvait miroiter sur son vernis lustré, diaphane, sans que son nom fût justifié.

On eût dit qu'un secret pressentiment l'avertissait que cet *outil* magnifique lui servirait à effacer une partie des humiliations que nous avons subies.

Qui eût dit que cette frêle enveloppe, gonflée par un gaz presque impalpable, consoliderait l'al-

DÉPART DE CALAIS (Gravure tirée du journal la *Nature*).

liance des deux peuples, qui ne peuvent être divisés sans que les nations de proie se précipitent sur le reste du genre humain?

Le Départ.

On dirait que c'est à son corps défendant qu'Éole est chargé du soin de remorquer les aéronautes, car il est rare qu'il se montre docile à leurs calculs.

Dès le matin du 31 août, il était facile de voir que l'expérience ne pourrait réussir dans les conditions du programme, car le vent du sud-ouest soufflait avec l'énergie qu'il possède malheureusement bien des fois dans nos régions.

Depuis longtemps Mme Duruof avait l'envie de monter en ballon. Mais son mari, qui ne croit point que la place d'une femme soit dans un aérostat, avait refusé avec opiniâtreté. L'occasion était trop belle pour que Mme Duruof ne la saisît pas aux cheveux. Elle rappela donc à son mari la promesse qu'il lui avait faite. Duruof espérait que la mairie cesserait d'avoir peur en voyant qu'une femme ne tremblait point. Il accepta avec empressement.

Mais il n'en fut rien, l'autorité municipale ne

devint que plus inquiète en voyant que deux vies allaient être exposées.

Cette situation singulière avait duré pendant plusieurs heures, et les esprits se trouvaient profondément agités. La grande question du jour était : partiront-ils, ne partiront-ils pas?

Toute la journée se passa à des négociations que la foule n'entendait que très-imparfaitement. Il eût fallu que l'autorité fît afficher sa résolution d'empêcher le départ, et la publiât à son de trompe.

Quand Duruof revint à son hôtel les quolibets lui furent prodigués. Ces plaisanteries trouvèrent de l'écho jusque dans la table d'hôte? Jusqu'à quel point étaient-elles spontanées? N'arriva-t-il pas qu'une pensée méchante germa dans quelque cervelle détraquée, et que ce feu trop facile à allumer fut attisé? C'est ce que nous ne chercherons point à établir, nous ne sommes point chargé de faire l'ouvrage des tribunaux.

Mme Duruof, qui savait bien que son mari ne renouvellerait point la promesse pour une autre ascension, fut moins patiente que son époux.

C'est une femme de grande taille, d'assez forte corpulence, l'air ouvert et intelligent. Elle a les cheveux de cette couleur que les Anglais, plus polis que nous, appellent *auburn*. Nous n'avons pas d'euphémisme pour dépeindre cette couleur qui indique souvent à certains physiologistes que l'on a le cœur sur la main. Mille sentiments que les femmes comprendront seules convergeaient à en faire une héroïne. Aussi était-elle bien plus déterminée, plus ardente que son époux.

La résolution est bientôt prise. Duruof se rend à l'hôtel de ville pour demander sa nacelle sous le prétexte d'exécuter des ascensions captives afin de calmer la multitude. Malgré l'ordre du maire, le gardien se laisse persuader.

Des soldats se tiennent sur la place; ils sont chargés de protéger le ballon qui se balance amarré, en attendant l'expérience du lendemain. Immédiatement ils se mettent à la disposition de l'aéronaute, pensant qu'ils vont servir à tenir le câble. Mais à peine les deux passagers sont-ils dans la nacelle que, la corde à laquelle les soldats se cramponnent avec toute la conscience d'honnêtes troupiers s'acquittant d'une consigne qui leur plaît, leur reste dans la main. Les moins lestes s'étalent tout de leur long à terre pendant que le ballon dans l'espace se dirige vers la jetée.

Il est sept heures et demie, le crépuscule commence, quelques minutes encore et le ballon a disparu dans l'immensité. Le drame aérien, le plus émouvant des temps modernes, a commencé.

Les cris d'effroi poussés par les personnes présentes se répercutent de proche en proche. Quelques minutes suffisent pour que toute la ville se précipite sur le rivage.

Ce qui se passe à terre.

Jamais Calais ne fut plongé depuis les temps du siége dans une aussi poignante anxiété. Les bruits les plus alarmants étaient colportés dans la ville. Le capitaine du port avait vu le ballon baisser au moment où il passait au-dessus de la cabane des bains.

Sans doute Duruof avait essayé d'exécuter sa descente en profitant de ce que la mer était basse, ce qui l'écarte d'une lieue du rivage. Mais voyant qu'il avait manqué son entreprise il avait repris son vol, et s'était lancé dans l'immensité en sacrifiant une telle quantité de lest que son sable allait bientôt être dépensé.

Les deux voyageurs aériens étaient couverts de vêtements qui à terre auraient été presque insuffisants, la femme n'avait qu'une robe de toile, et les habits du mari ne valaient guère mieux. Ils n'avaient rien emporté ni pour boire, ni pour manger. Que pouvaient-ils faire au milieu des ténèbres maintenant que le lut de leur soupape était brisé !

Les fausses Nouvelles.

Il est facile de comprendre l'anxiété publique en présence d'une situation épouvantable qui rappelait les plus sombres pages de l'histoire de la guerre franco-allemande; la mort de Lacaze et de Prince, engloutis l'un et l'autre dans les flots de l'Océan !

Si Duruof négligeait de profiter d'une seule des ressources de son art il était perdu. Mais s'il manœuvrait avec la précision dont un vrai praticien est capable, il était sauvé.

Ayant vu Duruof en l'air, je ne craignis pas d'annoncer que suivant toute probabilité nous le reverrions. Le spectacle qui eût glacé d'épouvante un débutant, me paraissait devoir augmenter les forces d'un matelot aérien si admirablement préparé. Puis, contre l'Océan sans limites, contre les monstres voraces qui peuplent les ténèbres de l'immensité, n'y a-il pas une sorte de charme inexprimable à défendre la femme qu'on aime?

Lutter contre les éléments pour consacrer une vie quelquefois bien triste et bien pénible n'est jamais sans charme, de quels efforts l'homme de cœur n'est-il pas susceptible lorsqu'il veut arracher à une mort affreuse l'être faible et impressionnable qui a eu une confiance infinie dans son courage, sa fortune, et son intrépidité ! !

Je crus au retour des Duruof, je fus optimiste non pas par sentiment, mais par calcul, par raison, par logique.

Les chances de sauvetage me parurent grandement augmentées par les télégrammes que le directeur de l'observatoire national envoya à toutes les stations norvégiennes et suédoises pour annoncer le départ d'un ballon poussé par le vent dans la direction du sud de la Norwége.

Je fis partager mes convictions à M. Leverrier qui prenait à cette tragédie aérienne tout l'intérêt qu'on peut attendre d'un homme de science pénétré de l'étendue de nos devoirs.

L'absence de nouvelles pendant le mercredi et le jeudi jeta le découragement parmi les optimistes. Deux journaux qui occupent un rang important dans la presse politique donnèrent la mesure de la décadence intellectuelle et morale dont nous avons été frappés pendant les dernières années de l'Empire.

Le *Gaulois* publia un article à sensation tendant à démontrer que les époux Duruof avaient cherché à se suicider. On les mettait au même rang que les deux Anglais qui s'étaient empoisonnés dans un hôtel, et dont les corps avaient reposé si longtemps côte à côte sur les dalles de la Morgue avant d'être reconnus.

Le *Figaro* racontait qu'on avait découvert sur les côtes d'Angleterre un ballon abandonné, dont les cordes avaient été coupées; il ajoutait que, suivant toutes probabilités, les deux téméraires aéronautes qui le montaient avaient été noyés. — Cette nouvelle était apportée par un télégramme d'Angleterre dont nous n'avons nulle part retrouvé les traces.

Si le *Figaro* tenait à se justifier d'une faute, il publierait l'origine de cette mystification qui faillit rendre deux mères folles de douleur.

Loin de chercher à s'innocenter, il semble avoir pris à tâche de répandre des bruits calomnieux contre le savant éminent qui a fait cesser les cruelles angoisses qu'il avait excitées de sang-froid... à plaisir.

Le Grand-Charge.

Le 1er septembre 1874, le bateau pêcheur *Grand-Charge* était en train de relever ses filets, sur le Dogger-Bank, à 200 kilomètres de l'embouchure de l'Hamleert. Il était environ six heures du matin, une brise violente soufflait du sud-ouest, il pleuvait, et la mer était assez grosse.

Tout d'un coup les marins aperçoivent au-dessus de leur tête un ballon. Pendant quelques instants, ils restent confondus de surprise, en voyant apparaître un objet si peu attendu, mais ils ne tardent point à voir que le ballon descend. Aussitôt ils couvrent leurs vergues de voiles, et ils se mettent en chasse avec toute l'ardeur de vrais matelots anglais.

Le *Grand-Charge* porte deux mâts avec des huniers. C'est un bateau solide, bien gréé, monté par un équipage alerte et déterminé. Il disparaît à moitié sous la vague. Peut-être va-t-il sombrer, mais William Oxley, le capitaine, a aperçu la guirlande tricolore. Il veut à toute force sauver les naufragés français.

La pluie redouble et les nuages sont si épais que, pendant un instant, le *Grand-Charge* hésite. On a perdu de vue le ballon.

Moment d'anxiété terrible. Ce n'est point pour la sûreté du *Grand-Charge* que les marins anglais ont tremblé!

Bientôt après, ils revoient le ballon qui, penché en avant, tire la nacelle.

Derrière flottent des cordages durs comme des pièces de bois.

Un homme s'y tient à cheval. D'une main, il se cramponne au cercle, de l'autre il soutient une femme qui n'a que la tête hors de la mer.

SAUVETAGE DES AÉRONAUTES DANS LA MER DU NORD, par William OXLEY, capitaine du *Grand-Charge*, et James BASCOMBE, matelot.

ES DANS LA MER

L'eau est à la température de la glace fondante, car des *radeaux*, venant du grand Océan boréal, ont été rencontrés. Les pêcheurs, la nuit même, en ont ramassé les débris afin de conserver le poisson.

Le Sauvetage.

Le *Grand-Charge*, naviguant toutes voiles dehors, court vent arrière jusqu'à ce qu'il ait dépassé le ballon dont la vitesse est diminuée par la friction sur la surface de l'eau. Une fois qu'il fut au vent du ballon on jeta le canot à la mer. Le capitaine Oxley et le lieutenant Bascombe s'y précipitent, laissant la manœuvre du navire au reste de l'équipage composé de deux hommes et d'un mousse. Le bateau fait force de rames, et met le cap sur le ballon. C'en est fait du capitaine Oxley et du second Bascombe, s'ils sont rencontrés par la nacelle qui file avec une vitesse vertigineuse. Leur coque de noix ne pouvant supporter le choc sera infailliblement submergée.

Mais un coup d'aviron lestement donné laisse filer la masse, et les deux hommes s'accrochent au câble que le ballon traîne en remorque. La mort par devant vient d'être évitée... Elle est encore par derrière, si le canot butte sur l'ancre il est défoncé...

Ils se cramponnent comme les baleiniers qui ont harponné un cétacé. Le capitaine tortille le câble autour d'une cheville de bâbord, et ils sont lancés à toute vitesse, remorqués à leur tour par le ballon. Le canot vole de vague en vague ; tantôt il retombe, tantôt il s'élance, suivant que la lame déferle ou que le vent faiblit.

Enfin Bascombe saisit la femme par le chignon et par le bras. Celle-ci, quoique à moitié morte, se réveille. Ses bras se serrent autour du cou de son sauveur comme un étau. Celui-ci faiblit. Il sent qu'il va lâcher prise, mais le capitaine a aperçu le mouvement. Il se précipite, attrape la jambe de la malheureuse. En un tour de bras, il l'enlève et la jette dans le fond du canot. L'homme crie dans une langue étrangère et on ne comprend pas, mais on voit qu'il agit. De la main qui est restée libre, on voit qu'il s'efforce de détacher la corde. Il tranche quelques-unes des amarres qui retiennent la nacelle.

Le canot heurte le cercle. L'homme s'élance. D'un bond suprême, il tombe à côté de la femme. Et le ballon bondit, obéissant à toute la force du vent.

Quand l'homme relève la tête, le ballon n'est plus qu'un point s'évanouissant à l'horizon.

A bord du Grand-Charge.

Les marins font force de rames vers le *Grand-Charge* sans perdre leur temps à adresser une parole aux deux êtres humains qui gisent au fond du canot.

On les hisse dans la chambre d'arrière où l'on allume un grand feu. On cherche dans la défroque de l'équipage les meilleurs pantalons, les meilleures vareuses pour les en couvrir. Ils reposent sur un tas de hardes.

Peu à peu ils se raniment et essayent de faire comprendre par signes ce qu'ils sont, d'où ils sont partis.

On dirait que l'Océan germanique est en fureur. Le vent et la pluie redoublent comme si la tempête voulait disputer la proie que l'héroïsme du *Grand-Charge* lui a enlevée !

L'homme surtout est éprouvé par le mal de mer. Dans les premières heures, il rendait tout ce qu'il essayait de manger.

Plus affaissée dans les premiers moments, la femme est moins longue à renaître. Les roses reparaissent sur ses joues.

Les vêtements de pêcheur vont à merveille à cette amazone de l'Océan.

On s'aperçoit que le hareng lui plaît. Ce n'est point cette espèce que poursuit le *Grand-Charge*, dont les filets ont des mailles trop grandes.

Un pêcheur de hareng passe au large. Vite on lance le canot à la mer pour en aller chercher.

Depuis mercredi jusqu'à vendredi, le *Grand-Charge* lutte contre les vagues.

Ne sachant comment reconnaître tant de dévouement, Mme Duruof retire de son doigt une bague enrichie de rubis, et la donne à James Bascombe, qui le premier l'a sauvée.

Enfin, à la pointe du jour on aperçoit les côtes. On s'approche des côtes de Grimsby.

Le port de Grimsby.

Quoique ville fort ancienne et ayant joui pendant longtemps d'une grande célébrité, on peut dire que Grimsby est de fondation récente. C'est seulement au commencement du règne de la présente Majesté qu'il a commencé à prendre un essor prodigieux. L'inauguration des docks, qui a eu lieu en 1845, est la date de la renaissance de Grimsby.

Les rapports de Grimsby avec la France sont si nombreux que le vice-consul de Hull y a un agent consulaire, M. Bannister.

Le port possède en effet une ligne régulière de bateaux à vapeur qui vont porter à Dieppe des charbons en destination de Paris.

Les magasins de cette compagnie sont précisément sur le quai où se trouvaient les bureaux de l'*Union républicaine*, journal supprimé à la suite d'une cóndamnation, dont mon frère Ulric fut frappé avant le 14 mai, pour avoir flétri en termes trop énergiques les exploits du curé Santa-Cruz.

La flotte de pêche qui travaille sur le Dogger-Bank a, dans le port de Grimsby, un de ses principaux centres d'armement. Aussi le nombre des barques qui sont à quai, quand le vent permet de revenir, est-il quelquefois immense. Il y a entre les navires comme une course au clocher. Généralement, les pêcheurs ne peuvent arriver à terre qu'en passant sur les ponts des bâtiments qui ont été plus alertes, et qui, souvent même, n'ont point encore débarqué tout leur poisson.

Cette fois toute la population maritime du littoral était tenue en alerte par les télégrammes de M. Leverrier et par les articles du *Times*, que toute la presse anglaise a répercutés.

On comprend, aux signaux du *Grand-Charge*, que les naufragés sont à bord. Toutes les barques s'écartent pour que le *Grand-Charge* puisse arriver à quai.

Le Débarquement.

Un peu avant d'atterrir, les marins du *Grand-Charge* ont fait descendre les passagers dans la cabine.

Quand ils remontent sur le pont, ils se trouvent au milieu d'une foule ivre d'enthousiasme. On les porte eux et leurs sauveurs en triomphe, jusqu'à et porte de l'Hôtel-Royal, à cent mètres de la station du chemin de fer.

Plusieurs milliers de personnes, que des inconnus haranguent, font retentir l'air de leurs hourrahs ! Mais, quand on veut introduire les héros de cette ovation dans l'hôtel, on se trouve en présence d'une difficulté imprévue.

Le landlord, toisant insolemment ses nouvelles pratiques, déclare qu'il ne reçoit pas de clients aussi mal nippés. Il a déjà été trompé, et ne veut pas s'exposer à perdre le loyer de ses chambres. Vainement, des gentlemen lui offrent de payer d'avance. Il fait la sourde oreille. Voyant qu'il n'en veut démordre, la foule se rabat sur le *Queen's Hotel*, excellente auberge, plus près du port et fréquentée par les capitaines marins.

Les Interwiewers.

Nous ne saurions nous faire une idée en France du développement que les communications télégraphiques ont prises de l'autre côté du détroit, grâce à l'influence de la liberté de la presse.

Il y a à Londres deux grandes associations de journaux, dont le but est de mettre en commun toutes les nouvelles qu'elles reçoivent d'un point quelconque du monde. En outre, l'administration postale télégraphique ne recule devant aucun sacrifice pour venir en aide aux organes de la publicité.

Les journalistes, quand ils voyagent, ont dans la poche des feuilles imprimées, sur lesquelles un message de cent mots ne coûte que 25 centimes.

Bien plus, le message, quelle que soit sa longueur, peut être répété à plusieurs, moyennant le payement d'un droit fixe qui ne dépasse pas six sous par tête.

A peine les époux Duruof étaient-ils dans leur hôtel qu'ils furent interrogés par le représentant du *Central News*, de même que par ceux du *Yorkshire Post*, de *l'Eastern Morning Chronicle*, et des journaux de Grimsby.

Nous traduisons le récit de Duruof tel qu'il résulte de ces interrogations.

Le Récit de Duruof.

Lundi, à sept heures trente-cinq minutes, je profitai du vent du sud pour monter en ballon, et sous prétexte de préparer une ascension captive j'entrai dans la nacelle et je lâchai tout, pensant que le vent me porterait en Angleterre.

Pendant les 300 premiers mètres, je fus entraîné au nord, et alors je crois que le ballon prit la direction nord-nord-est. Peu après nous vîmes les phares d'Angleterre et ceux de France, et alors nous parûmes nous approcher de la côte d'Angleterre, et nous trouver plus près de l'Angleterre que de la France. Il n'y avait pas un navire en vue. La nuit arrivait; je sentis qu'il n'y avait rien à faire qu'à continuer ma route.

Voyant qu'avec le changement de vent qui se faisait sentir, je serais obligé de rester longtemps en l'air, je me préparai pour passer la nuit en ballon.

Je filai mon câble qui était de 70 mètres de long; il touchait l'eau de temps en temps. J'entendais le bruit que faisait la corde en glissant dans la mer, et je jetais un peu de lest chaque fois que ce son frappait mon oreille. Je vis toute la nuit un grand nombre de phares dont quelques-uns étaient fort brillants. Vers quatre heures du matin, avant le lever du soleil, je vis successivement toutes ces lumières s'éteindre les unes après les autres et je pensai que pendant la nuit le ballon avait été entraîné dans la direction du nord-est.

Ne connaissant pas la distance de la terre la plus proche, qui suivant mon opinion devai. ;tre la Norwége, et craignant d'être entraîné par le vent dans les régions arctiques, je me déterminai à descendre, comptant être ramassé par un navire. Je vis alors plusieurs navires de tous les côtés. J'étais à 1,600 mètres de hauteur. Je travaillai immédiatement à la descente. C'était vers les cinq heures du matin et le vent dans les régions inférieures soufflait vers le nord-est. Il est impossible de dire combien la soif me faisait souffrir. Ma pauvre femme que j'essayai de rassurer, voyant que tout allait bien ne perdait pas courage. Je lui montrai deux navires dans la direction où nous allions et je lui dis que j'allais essayer de faire tomber le ballon près de l'un d'eux. De huit sacs de lest que j'avais à bord j'en avais seulement usé trois. Je pouvais donc, si cela était nécessaire, continuer mon voyage pendant trente ou quarante heures. Je vis que le plus petit navire faisait des efforts pour nous arrêter dans notre course. J'ouvris alors hardiment la soupape; le câble se plongea dans la mer et en un instant nous dépassâmes ce bâtiment. Cependant l'équipage mit son canot à la mer et deux hommes vinrent vers nous à force de rames. Voyant la bonne volonté qu'ils mettaient à nous atteindre — il était alors six heures du matin — je me décidai à arrêter le mouvement du ballon, en laissant la soupape ouverte jusqu'à ce que la nacelle fût pleine d'eau. J'opposai ainsi une résistance au vent qui nous entraînait rapidement.

Je retournai la tête, et je ne vis plus trace du navire. De temps en temps des vagues énormes venaient frapper le *Tricolore* et nous couvrir. Ma crainte était de voir le ballon se crever, car alors nous eussions été probablement perdus. Le ballon était assez visible pour que les navires ne pussent passer sans le voir, et je comptais qu'il les guiderait pour arriver jusqu'à nous. A sept heures du matin nous vîmes à l'horizon derrière nous le bateau pêcheur qui nous suivait. Il devint de plus en plus visible. Le froid commençait alors à nous engourdir les membres. L'espérance seule nous donnait la force de nous cramponner à la nacelle. Ma femme avait perdu l'usage de ses membres et à chaque secousse du ballon elle faiblissait. Enfin le canot approche près de nous; il n'est plus qu'à environ 500 mètres. J'appelle ma femme en criant et elle prend courage. Mais ce qui est le plus gênant pour moi, c'est que j'ai besoin de toutes mes forces pour la tenir entre mes bras; le navire passe auprès de nous. Je me dresse sur le *guide-rope* qui était solide comme une barre de bois et je salue nos sauveurs. Ils me voient et lancent leur chaloupe à la mer. Ils sont alors à peu de distance de nous. L'embarcation était conduite par William Oxley, capitaine du navire de pêche *Grand-Chargè*, et le second James Bascombe. Ce sont deux hommes vigoureux, dévoués et courageux. Ils s'approchent de la nacelle et s'accrochent; en cet instant l'embarcation faillit être coulée par les secousses du ballon. Ils saisissent ma femme et la mettent dans le fond de leur chaloupe. J'essaye de trancher les cordes qui attachent le cercle au ballon. J'en coupe plusieurs, mais sentant que le bateau touche, je saute. On lâche immédiatement le *guide-rope* et le ballon part du côté de la Norwége avec une grande vitesse.

Le canot retourne au navire; aussitôt à bord, on nous hisse dans la cabine auprès d'un bon feu. Nous n'avons qu'à remercier ces marins pour tous les soins qu'ils nous prodiguèrent pendant notre séjour à bord qui dura du mardi au mercredi.

Outre le capitaine et le second l'équipage du *Grand-Charge* se composait de John Hurte, John Darnelle et Thomas Rice.

Ce qui s'était passé au-dessus de la mer.

Quoiqu'il n'y ait rien à retrancher à ce récit qui est l'expression de la vérité vraie, il faut y ajouter beaucoup de détails du plus grand intérêt; nous les tenons de la bouche des époux Duruof, avec qui nous avons passé plus de huit jours, comme il nous reste à le raconter.

Mme Duruof arriva dans l'air, préparée, par les récits dont son mari l'avait nourrie depuis dix ans, à apercevoir un merveilleux spectacle. Mais la vue de l'Océan ne lui parut répondre que médiocrement aux espérances que son esprit excitable avait conçues.

« Quoi! » dit-elle, « ce n'est pas plus *chic* que cela! Décidément si j'avais su, je ne serais pas venue; » mais elle ne tarde pas à voir que son mari lui répond à peine.

Excédé de travail et d'émotions depuis le matin, Duruof avait largué son *guide-rope*, et ne songeait qu'à se reposer. Il tombait dans une somnolence que l'isolement augmentait et qui, s'il eût été seul, se fût changée en engourdissement.

« Ne vas-tu pas dormir maintenant! » s'écriait sa femme en le secouant à chaque instant.

Quoique le spectacle ne fût pas du goût de Mme Duruof, il était admirable cependant.

A droite se voyaient les phares de Douvres, dont le ballon s'était sensiblement rapproché. Un peu plus loin, les phares du banc Godwin, puis le grand phare de Yarmouth, enfin le phare flottant du banc Ower, pareil à ceux du banc Godwin, avec cette différence cependant qu'il flotte en plein Océan.

Arrivés à cette hauteur, les aéronautes pouvaient apercevoir à la fois les feux des côtes anglaises et ceux des côtes hollandaises. Les phares du Helder et de Wieland semblaient comme autant d'étoiles à l'horizon.

Persuadés que les feux des côtes anglaises marquaient le contour du rivage, ils entrevoyaient dans le lointain, à l'ouest, des images fantastiques semblant appartenir à un pays d'enchanteurs et de géants.

La lune versait sur la mer, dans les interstices des nuages, sa douce et tendre clarté, mais elle n'éclairait jamais le *Tricolore* dont l'ombre ne se dessinait point à la surface des flots.

Aux rayons de l'astre des nuits, on voyait de gros poissons, le dos argenté, sauter en l'air et folâtrer sur les eaux.

D'après les explications que donnèrent à Grimsby les pêcheurs, ces poissons n'étaient autres que des dauphins. Les aéronautes de Norwége, dans la nuit orageuse du 21 novembre 1870, les ont également aperçus.

Au lever du soleil, la mer était toute couverte de vaisseaux appartenant à la flotte de pêche. Duruof croyait dériver en plein nord, ce qui le menait dans l'Océan glacial. C'est pour cela qu'il s'est décidé à atterrir, comme il l'a raconté plus haut.

Son erreur provenait de ce que les vagues avaient un mouvement propre. Or, l'on ne peut déterminer la route du ballon que quand on la rapporte à des objets inébranlables. L'aéronaute, dès qu'il est en pleine mer, hors de la vue de toute côte, est aussi embarrassé que s'il planait au-dessus des nuages. Il faudrait qu'il fût instantanément en état de faire son point pour reconnaître la route qu'il suit.

L'aspect de la mer était étrange. Suivant les Duruof, on eût dit une eau peu profonde dans laquelle on aurait pied. On voyait admirablement un fond de sable. Dans beaucoup d'endroits, ce sable était teinté en bleu, ce bleu était plus ou moins foncé, suivant la profondeur. Dans quelques places, apparaissait un trou noir. C'étaient les gouffres océaniques qui se profilaient.

Peut-être cet aspect pourrait-il se photographier et dispenser de nombreux sondages faits au hasard, ou au moins les compléter. Nous recommandons cette belle observation aux ingénieurs qui vont dépenser deux millions rien que pour savoir si les chances de succès du tunnel de la Manche sont assez grandes pour qu'on y puisse exposer une somme de deux cents millions.

Duruof n'avait pas commis la même faute que les autorités aéronautiques du siége, qui avaient expédié les ballons nocturnes sans songer au cas où la descente aurait lieu dans l'Océan. S'il avait coupé son ballon, sa nacelle aurait flotté à la surface de l'eau comme un bouchon.

Il n'avait pas pris avec lui les cônes dont plusieurs aéronautes se disputent l'invention et dont nous ne savons, malgré quelques récits enthousiastes, si l'efficacité aéronautique a été établie, car il faut pour agir en mer des engins simples et très-résistants. Il nous semble que des toiles seraient rapidement mises en lambeaux par le moindre vent.

Quoi qu'il en soit, la résistance opposée par la nacelle agissait comme un frein puissant. Pour comprendre le sauvetage, il faut se représenter que les câbles, le *guide-rope* et la corde ancre étaient changés en tiges rigides. L'ancre donnait des secousses pareilles à celles que l'on reçoit dans un traînage en pays montueux, quand elle lâche et croche alternativement.

Le ballon faisait voile en fuyant devant le vent à l'arrière, il portait un creux immense dans lequel les lames venaient s'engouffrer ; alors il s'affaissait et touchait la surface de l'eau, mais c'était pour se vider et pour rebondir au même instant, en donnant un choc au cercle qui portait les deux naufragés et leur fortune.

Duruof avait l'œil à peu près au niveau de l'eau. Son horizon était des plus restreints ; la mer, que quelques instants avant il voyait immense, lui paraissait n'avoir que les dimensions du lac d'Enghien.

Outre l'anxiété que lui faisait éprouver le sort de sa femme, il ressentit deux souffrances très-vives. Dans l'air, c'était une soif inextinguible. Il promenait fiévreusement sa langue sur ses lèvres pour diminuer la torture qu'il éprouvait.

Dans l'eau, ce fut le mal de mer auquel il est fort sujet.

L'ASCENSION DU PALAIS DE CRISTAL.

Ce qui était arrivé à Paris.

A la suite du télégramme apocryphe publié par le *Figaro*, Mme Duruof, la mère, envoya une dame de ses amies demander à M. Leverrier son avis sur la dépêche qui lui annonçait la mort de ses enfants. L'illustre astronome n'eut pas de peine à rassurer cette dame, en lui faisant comprendre ce qu'avait d'improbable la version qui l'inquiétait. Cependant, pour mieux lui démontrer l'absurdité de cette nouvelle, le directeur de notre grand Observatoire national envoya, séance tenante, un télégramme au Bureau météréologique, dirigé par son ami, Robert Scott. Quelques minutes après il recevait une réponse ainsi conçue :

Non-seulement le télégramme du FIGARO *n'a pu être envoyé d'Angleterre, mais je reçois à l'instant la nouvelle que les deux aéronautes auxquels vous vous intéressez viennent d'arriver sains et saufs à Grimsby.*

C'est de cette manière dramatique que le sauvetage fut connu à Paris.

Un peu après arrivait au *Moniteur universel* un autre télégramme, expédié par M. Dessoteaux, de Calais, et répétant en substance ce que M. Leverrier savait. Ce télégramme parvenait en temps utile pour être imprimé dans les dernières nouvelles du *Moniteur* de vendredi soir.

Connaissant le patriotique empressement avec lequel M. Dalloz s'était intéressé au sort de mes amis, je lui demandai d'aller au-devant des Duruof, afin de guider leurs pas dans un pays dont ils ignoraient les mœurs, la langue, les habitudes et dont j'ai parcouru presque toutes les parties.

M. Dalloz mit à ma disposition les ressources nécessaires avec une générosité dont je ne saurais trop le louer.

Samedi je partais par le train-poste du soir, et à la gare même j'avais une entrevue avec M. Dessoteaux. Il m'apprenait que Duruof était sans doute à Douvres, et qu'on l'attendait pour le lendemain avec le bateau qui part à midi.

Je couchai à Douvres, je ne partis pour Londres que le soir, après m'être assuré que Duruof ne s'était point embarqué.

Calais était sous l'impression d'une émotion violente. Voulant à toute force avoir des nouvelles fraîches, le *Figaro* avait publié une lettre apocryphe attribuée à un personnage qui se serait suicidé de désespoir d'avoir excité M. Duruof à partir. Cette folle nouvelle avait trouvé de l'écho de l'autre côté du détroit.

Mon Odyssée.

J'avais télégraphié mon départ de Paris au *Times* et mon arrivée en Angleterre au consul général de France. Comme le dimanche soir il n'y a que les offices de journaux qui soient ouverts, je ne m'inquiétai que du *Times*. Un des éditeurs eut l'obligeance de m'apprendre que j'aurais des nouvelles à l'office du *Central News*, *Ludgate Hill Circus*.

Je fus quelque temps à trouver le bureau du directeur, dans un énorme édifice rempli depuis la cour jusqu'au grenier des offices de journaux de province en communication directe permanente avec la ville où ils s'impriment. Cette agglomération de moyens puissants d'informations est de nature à faire rougir des journalistes français. Ce n'est pas sans un pénible serrement de cœur qu'en parcourant ce foyer d'informations, je faisais un pénible retour sur l'état embryonnaire de notre publicité.

Le directeur du *Central News* m'apprit que les Duruof étaient encore à Grimsby, et qu'ils en partiraient lundi, sans doute par le premier train.

Après avoir remercié mon confrère, je sautai dans un cab, et je me fis conduire au bureau télégraphique de Charing-Cross, qui reste ouvert toute la nuit.

Je fis télégraphier à Duruof que je partais pour Grimsby par le train, et qu'il me télégraphiât sa réponse au buffet de la station de Peterborough, environ à mi-chemin.

Le lendemain à l'heure dite je partais; à midi, j'arrivais à Peterborough. Pendant que j'allais chercher mon télégramme, le train filait; j'étais donc obligé d'attendre le train du soir. Après avoir télégraphié mon retard et sa cause, je m'installe dans un hôtel et j'expédie mes correspondances tant à mes amis de France qu'à mes amis d'Angleterre.

A onze heures et demie du soir j'arrivais à Grimsby.

Ce qui était arrivé aux Duruof.

Le sauvetage miraculeux avait produit une sensation prodigieuse. De toutes parts des personnes charitables offraient des vêtements, de l'argent. Les Duruof passaient leur vie à refuser des cadeaux. Ils attendaient de France le prix de leur ascension.

Un télégramme envoyé par M. Dessoteaux ne tarde pas à les atteindre. Il ouvre un crédit de cinq cents francs. Aussitôt Duruof se rend à bord du *Grand-Charge* qui n'a pas encore repris la mer. Il embrasse une dernière fois ses sauveurs et les force à accepter la moitié de ce qu'il possède. Il tient à partager avec eux.

En retournant à son hôtel, il apprend que Calais fait une souscription pour sa femme et pour lui. Un télégramme de Crystal Palace et un télégramme de Cremorne lui offrent une ascension.

Un artiste envoyé par le *Graphique*, arrive de Londres avec l'ordre de payer à Duruof la somme qu'il demandera pour donner des renseignements sur le sauvetage. Duruof qui sait dessiner fait lui-même le croquis, mais n'accepte aucune rétribution. Il tient à rester aéronaute, rien qu'aéronaute. Il veut vivre de son métier et n'a point de raison pour en changer.

La population de Grimsby ne cachait pas son indignation pour la manière hautaine et inhumaine dont les propriétaires de l'Hôtel-Royal avaient traité les naufragés.

Aussi Duruof reçut-il de leur part une invitation à dîner presque suppliante en signe d'oubli et de réconciliation.

Duruof, qui ne voulait pas laisser un ferment de mécontentement sur cette terre hospitalière, accepta. J'arrivai au dessert de ce dîner. Mme Duruof, qui se disait malade, n'y avait point assisté.

Duruof à Londres.

Quand nous arrivâmes à Londres, le bruit de la présence de Duruof nous avait précédés. La foule qui était sur la plate-forme accueillit les deux époux avec les plus vifs applaudissements.

Nous nous rendîmes en calèche au domicile d'un directeur de théâtre qui était venu proposer à Duruof de paraître sur les planches de son établissement, à raison de mille francs par soirée. Duruof avait refusé, mais M. Trotman était si séduisant qu'il n'y avait pas moyen de repousser cette franche hospitalité. Il fallut aussi accepter une bague enrichie de pierreries, que M. Trotman et ses amis offrirent à Mme Duruof au dessert d'un banquet.

Coxwel, le célèbre aéronaute qui conduisit Glaisher dans les airs à un niveau où jamais être humain n'a encore pénétré, publia dans le *Times* une lettre pleine de cœur et d'esprit pour une souscription en faveur des matelots anglais et offrir aux aéronautes français un de ses ballons. Duruof accepte avec effusion. Sa femme et lui saisiront cette occasion de remercier le public anglais.

Le lendemain les détails de l'ascension sont arrêtés avec M. Wilkinson, le directeur général du Palais de Cristal, et M. Grist, son lieutenant.

Ce dernier consent même de m'aider dans la publication d'un pamphlet destiné à faire connaître la carrière de l'aréonaute dont ils vont saluer les débuts. Dès samedi soir, cette brochure était distribuée à tous les journaux.

Henry Coxwell.

Henry Coxwel habite à Tottenham une charmante maison sur la route de Londres. C'est un homme de soixante ans, de taille au-dessus de la moyenne, maigre, vigoureusement constitué; malheureusement il est très-affaibli par une fistule qui s'est déclarée depuis quelque temps, la crainte de se soumettre à une douloureuse opération l'empêche de guérir. Je l'ai vivement engagé à montrer sur son lit de douleur un peu du courage qu'il a tant de fois développé là-haut. C'est un homme lettré qui a publié pendant plusieurs années un journal de navigation aérienne rempli de curieux documents.

Coxwel et moi nous sommes de vieux amis. Pendant la guerre, je lui ai acheté quelque matériel aérostatique pour la station de Lille.

Sa femme, de taille assez petite et beaucoup plus jeune, a les cheveux tout blancs. Elle est rose, gaie, vive, réjouie, aimant la France et les Français. Elle n'est montée en ballon qu'une seule fois ; ce fut à Berlin. Je lui ai fait promettre d'y monter à Paris.

La conversation de Duruof et de Coxwel à qui je servis d'interprète fut amicale et longue, chacun expliquant à son confrère ses ficelles et ses trucs de métier.

Nous priâmes Coxwel de nous accompagner chez le consul de France afin que nous pussions le présenter. Sa noble et hospitalière conduite valait bien cet honneur ; nous ne voulûmes point que sa modestie l'y dérobât.

Les Duruof à Calais.

Il restait un seul obstacle à vaincre ; c'était de se rendre à Calais. S'il ne se fût agi que de lui, Duruof n'aurait pas accepté l'invitation pour se donner tout entier aux préparatifs de l'ascension, mais la fête étant au bénéfice de ses sauveteurs, il ne pouvait décliner l'honneur d'y figurer.

Aussi fut-il arrangé que les Duruof partiraient le dimanche matin par le train de huit heures, et arriveraient à Calais vers deux heures et repartiraient à minuit pour être rendus à la gare de Londres lundi à cinq heures du matin. L'ascension n'ayant lieu qu'à cinq heures du soir, ils avaient douze heures pour se reposer à un hôtel voisin du Palais de Cristal, où des chambres étaient préparées.

Dimanche, vers deux heures, dix mille personnes attendaient sur les jetées de Calais l'arrivée du paquebot-poste français. L'entrée du steamer est saluée par des boîtes d'artifice, on a placé les deux époux sur la passerelle du capitaine. Le comité de bienfaisance, accompagné de la musique municipale, se rend au quai de Marée pour recevoir les intrépides aéronautes. Le président du comité offre un bouquet à Mme Duruof au moment où elle sort du bateau.

Les Duruof montent dans une calèche découverte, et suivis d'une foule immense, ils se rendent à l'hôtel de ville où la municipalité les attend pour leur souhaiter la bienvenue.

Ils sont obligés de paraître au balcon de l'hôtel de ville pour répondre aux manifestations de la foule qu'on n'a jamais vue si enthousiaste sur le passage d'aucun souverain.

Le soir, dîner intime auquel prennent part les familles, les autorités municipales et le comité de souscription.

Sur la table figure une grande pièce montée représentant le *Tricolore* avec des sucreries.

Après le dessert, les héros de la fête font une apparition à la fête de nuit. Mais ils se dérobent à l'ovation qui les attendait, de crainte de manquer le bateau et de faire échouer l'ascension du lendemain.

Comme on le voit, la roche Tarpéienne n'est pas loin du Capitole. Différents des hommes politiques, après avoir commencé par descendre, les aéronautes peuvent finir par monter.

Hélas! les aventures des époux Duruof n'ont pas guéri toutes les foules de leurs habitudes brutales vis-à-vis des praticiens.

Pendant que Duruof était en Angleterre, un pauvre aéronaute manque son ascension parce que le gaz était mauvais; la multitude en fureur met en pièces son ballon.

Un fait analogue produit par une cause semblable a failli se produire aux portes de Paris.

Jules, le représentant le plus hardi, peut-être, de toute cette célèbre famille d'aéronautes, n'avait pas une force suffisante pour s'enlever.

« On voit bien que celui-là n'est point un Duruof! » s'écrie-t-on de toutes parts.

Furieux, Jules jette son lest, son guide-rope, son ancre, il ne garde que son trapèze qu'il attache au-dessous de la nacelle.

Une fois dans les airs, il fait ses tours de haute voltige aux yeux de la multitude ébahie!

Mais il ventait dur, et malgré sa hardiesse, Jules était exposé à un désastre.

Saisissant le moment où le ballon touche il se jette à terre et laisse au hasard le soin de lui rapporter son ballon.

Il paraît qu'il y a un dieu pour les aéronautes, car on le trouva accroché à un arbre, à quelques pas de là.

A terre.

Les ascensions du Palais de Cristal s'exécutent au pied de la grande tour au haut de laquelle on monte pour un penny, et dont la hauteur est, si je ne me trompe, de deux cents pieds anglais. Le lieu du gonflement est un petit vallon charmant, environné d'arbres, où débouche un tuyau de gaz venant de l'usine qui éclaire la ville de Norwood aussi bien que le palais.

A l'aide de piquets reliés par des cordes, on

avait entouré une prairie d'environ un hectare destinée aux siéges réservés. Il fallait payer une demi-couronne pour y pénétrer. On n'avait point eu le temps d'imprimer des billets de faveur, et nous signalions de notre mieux, M. Grist et moi, les personnes qui devaient y être admises sans rétribution. Je ne reconnus parmi les journalistes français que mon ami Odysse Barrot, l'ancien rédacteur en chef de la *Liberté*, alors que ce journal a conquis la célébrité qu'il n'a point encore complétement usée.

La presse anglaise était représentée par M. Vizetelly du *Hour*, M. O'Shea du *Standard*, M. Cullingham du *Morning Advertiser*, M. Lucy du *Daily News*, M. Griffath du *Bell's Life*, M. Fisher du *Globe*, M. Grant du *Central News*, M. Bussey du *Newcastle Chronicle*, et plusieurs autres peut-être qui ne m'ont pas laissé leurs noms. Je me mis à la disposition de mes confrères pour leur donner tous les détails que mon expérience des matières aériennes me permettait de mettre à leur disposition. Ils ont été assez aimables pour reconnaître en termes trop élogieux le faible service que j'ai été à même de leur rendre.

Tout le monde aéronautique anglais a pris part à la solennité. Quiconque tient aux ballons vient serrer la main des aéronautes français. M. Glaisher, accompagné de son fils, le célèbre mathématicien, était venu apporter ses instruments et me donner ses instructions. M. Brairey, l'aimable et savant secrétaire de la Société aéronautique de Londres, serrait avec effusion la main de Duruof et de sa femme. Il y avait encore l'aéronaute Wright qui vient gracieusement de m'envoyer une invitation pour la première ascension de son ballon; M. Lythegon qui, le 19 septembre 1859, a eu l'honneur d'inaugurer les ascensions du Crystal Palace; M. Adams, aujourd'hui un des directeurs de Cremorne; M. Joseph Symmond, qui avait été chargé de conduire en l'air l'homme-volant. M. Coxwell surveillait l'ensemble des opérations qui étaient sous la direction de M. Orton, le constructeur du ballon que nous allions monter, et de M. Barker, l'aide ordinaire de M. Coxwel, l'aéronaute qui allait le remplacer.

Le personnel de l'ambassade de France, retardé par le surcroît de besogne provenant de la récente arrivée de M. le comte de Jarnac, n'entrait, ainsi que ce diplomate, dans l'enceinte du Palais qu'au moment où le ballon était lancé.

En nombre rond, les spectateurs étaient douze mille, trois mille porteurs de billets de saison se trouvaient présents.

Près de quinze cents personnes avaient pénétré dans l'enceinte de manœuvres, et se tenaient si près du ballon qu'il fallut plusieurs fois réclamer de la place. Mais quoique gênante pour la manœuvre, cette curiosité était fort courtoise et fort sympathique.

Jamais, même dans les ascensions privées, je ne vis de foule aussi docile à suivre les instructions qui lui étaient données.

Madame Duruof.

Dans le premier moment d'enthousiasme pour la réception qui lui était faite, ainsi qu'à son mari, Mme Duruof avait demandé à faire partie de l'ascension. En conséquence, son nom avait été mis sur l'affiche, mais il n'était pas difficile de voir que l'expédition la préoccupait singulièrement, Son aventure de Calais l'avait guérie de la manie des ballons. Mais elle tenait à remplir courageusement sa promesse. Il fallut que M. Glaisher et M. Coxwell unissent leurs instances à celles de M. Brairey pour la décider à prendre un terme moyen. On la hissa dans la nacelle, qu'on éleva à une trentaine de mètres, au milieu des applaudissements enthousiastes de toute l'assistance. Après deux ou trois minutes de séjour en l'air, temps suffisant pour qu'elle pût saluer avec son mouchoir toutes les personnes qui étaient groupées autour de l'enceinte de manœuvres, on fit descendre le ballon. Elle descendit et un gentleman prit immédiatement sa place.

Après notre départ, elle fut l'objet d'une ovation bienveillante. La foule était si compacte que Mme Coxwell qui lui donnait le bras en fut séparée. Les acclamations la suivirent jusqu'à *Terrace Hotel* upper Norwood où nous avions pris nos appartements.

Le Départ.

Quelques instants avant de prendre place dans la nacelle, je m'étais rendu près de l'orchestre militaire, qui jouait des fanfares, et j'avais demandé le *Rule Britannia* qui, comme on le sait, est l'air national anglais.

A peine sommes-nous dans les airs que l'on nous salue avec la *Marseillaise*. J'agite en reconnaissance l'*union Jack*, tandis que Duruof tient en main le drapeau tricolore. Il avait attaché aux cordages une banderole en soie longue de trente pieds, qui retombe gracieusement au-dessous de notre nacelle.

Malheureusement, les Anglais ont l'habitude d'attacher la nacelle beaucoup plus près du cercle que nous. Comme le gaz n'est pas cher, ils chargent jusqu'à la gueule.

Après avoir fini ma manifestation politique, je veux sans perdre de temps lire mon baromètre, mon thermomètre humide et mon thermomètre sel, mais je ne peux en venir à bout. Je suis obligé de me jeter à genoux dans le fond du panier pour ne point être suffoqué par l'hydrogène carboné. Ce gaz possède une odeur éthérée fort douce. Il doit être admirablement purifié. Mais il n'en est pas moins dangereux. Je ne commence mes lectures qu'après qu'un coup de saupape a été donné.

Les Passagers.

Nous sommes sept dans la nacelle du *Crystal Palace*, dont le cubage est un peu inférieur à celui des aérostats du siége de Paris.

Le capitaine Burnoley des Horse-guards, correspondant du *Times*, a pris place dans le cercle jusqu'au moment où la disparition du lest qui file vite lui permet de descendre. Le pauvre Coxwell, dont la santé paraît fort altérée, n'a pu venir se promener dans les nuages. Ainsi que nous l'avons dit plus haut, il a cédé sa place à M. Barker, jeune aéronaute plein d'ardeur, qui suit avec une exactitude scrupuleuse toutes les instructions de Duruof,

Le *Daily News* a envoyé avec nous M. Lucy, avec lequel j'ai eu occasion de faire connaissance sur le turf aérien. Je crois reconnaître dans un de nos voyageurs M. Arthur Deck, gentleman de Cambridge, à qui j'ai été, je crois, présenté quand j'ai accompagné M. Leverrier dans ce foyer scientifique.

Un gentleman de Tottenham, M. William F. Willis, était parvenu à conquérir une place, grâce à l'affection de Barker. C'est un charmant garçon avec qui nous nous retrouverons plus d'une fois dans les airs, car il a le goût de la vie aéronautique. Au commencement du voyage, je lui en voulais beaucoup, car nous avons été obligés de laisser à terre le correspondant du *Standard*. Pendant la guerre, je n'avais jamais adressé inutilement un appel à sa sympathie pour la France. Qu'il reçoive mes excuses si je n'ai pu venir à son aide. Ni moi, ni même Duruof, nous n'avions voix au chapitre pour le choix des passagers du bord. Du reste, Coxwell avait été assailli de tant de demandes, qu'il avait fini par en perdre la tête.

Le Gréement.

La nacelle est de hauteur convenable, ce n'est point un cercueil d'osier comme les paniers du siége de Paris, on peut s'asseoir sur le bord et regarder à son aise. Elle est longue de six pieds et large de près de trois. Mais les cordes ne sont attachées qu'au bord. Si le fond avait lâché, nous aurions dégringolé dans le vide.

Nous avions embarqué sans *guide-rope*. La superbe invention de Green, le plus grand des aéronautes anglais, ne paraît pas aussi populaire de ce côté du détroit qu'en France, même « quand on va aux oiseaux, » pour nous servir de l'expression d'Aristophane. Nul n'est prophète dans son pays. L'anneau élastique à la siffard, pour atténuer le choc de l'atterrissage, ne me paraît pas connu. Cependant, nous sommes dans la patrie adoptive du caoutchouc. Pour relier la nacelle au cercle, il faut faire des nœuds au lieu d'employer les cabillots. Est-ce qu'il ne serait pas vrai de dire pour les aéronautes anglais, comme pour les autres sujets de sa Gracieuse Majesté : *Times is money?*

Le grappin est par exemple excellent. Les branches sont tranchantes, solides ; la courbure habilement calculée. Voilà un morceau qui nous montre ce que peut faire le génie britannique, quand les excellents praticiens qui nous ent ourent seront encouragés à perfectionner les aérostats imparfaits qui leur suffisent pour exécuter des ascensions publiques faites sans autre but que de s'enlever.

En l'air.

Un caprice du vent nous pousse du côté de Nunhead, où se tient une sorte de fête. Spontanément l'orchestre se met à jouer la *Marseillaise.*

Le son des instruments devient de moins en moins distinct à mesure que nous dérivons vers la Tamise.

Nous passons au dessus de Blakheath, bientôt le parc est au-dessous de notre nacelle. Voici la colline célèbre que couronne l'Observatoire, l'hôpital et la statue du lieutenant Belot. Dans le lointain, au nord-est, on peut distinguer le dôme majestueux de Saint-Paul. Mais du côté où s'étend la Métropole, nous n'avons pas d'horizon lointain. Quoiqu'on ne puisse pas dire qu'il y ait du brouillard dans l'air et que l'hygromètre annonce une assez grande sécheresse, on dirait l'atmosphère obscurcie par quelques éléments inconnus. C'est comme à travers un crêpe que nous voyons le nord-est de la grande cité. Mais en regardant au levant on aperçoit la Tamise qui étincelle dans toute sa splendeur. On peut la suivre jusqu'à son embouchure éclairée par les rayons du soleil couchant. Trois quarts d'heure plus tard les lueurs d'un million de becs de gaz illumineront le ciel dans la direction de Londres ; mais vers le nord nous voyons apparaître un mince ruban d'argent. Ce sont les côtes de la mer du Nord, qui se montrent au lointain.

La température est très-douce, peu de changements depuis que nous avons quitté la terre. Elle tend à augmenter légèrement à mesure que nous nous élevons. Mais comme nous ne dépassons pas 1,500 mètres, la différence est peu notable. Le soleil est teint en rouge cramoisi. Il semble perdu dans une couche de nuages parfaitement horizontale qui paraît élevée d'un millier de mètres.

Nous avons traversé le fleuve vers l'hôpital de Greenwich et nous nous sommes dirigés vers Blackwall, en suivant à peu près le trajet du bâteau à vapeur. Nous avons mis deux minutes environ à franchir le fleuve. Nous avons flotté ensuite au-dessus de l'East-India dock, dont les vaisseaux vus en projection faisaient un effet admirable. Nous avons beaucoup baissé en ce moment, comme si nous voulions les regarder de près.

Le Comté d'Essex.

Nous voyons défiler au-dessous de notre nacelle une campagne d'un vert sombre. Peu de maisons, peu de villages, des haies, de grands arbres, de petits champs, de jolies collines toutes lès unes contre les autres, séparées par de gentilles ombres. C'est une nature mignonne, soignée, proprette, bien peignée. Les chemins sont nombreux, mais nous ne voyons pas beaucoup de chemins de fer. Les bouquets de bois sont fréquents, mais peu étendus et séparés les uns des autres par des cultures. A part quelques marécages au-dessus de Blackwall sur la rive nord nous voyons très-peu de nappes d'eau.

Dans quelques champs on brûle de mauvaises herbes et la colonne de fumée monte en se déroulant, ses longs anneaux parviennent presque jusqu'à nous.

Quand on baisse, on entend des cris, et l'on voit sur les routes de petits points qui se meuvent comme des mouches piétinant sur un mur. Plus bas encore, on voit remuer dans les champs : ce sont les chevaux avec les bestiaux qui, laissés en liberté dans les pâturages clos d'arbres, se sauvent en voyant approcher le ballon.

Atterrissage à Ingatestone.

Il n'y a pas de lune au ciel. Nous sommes encombrés dans la nacelle. Notre lest s'est épuisé rapidement. Il ne reste plus que trois sacs. Dix-sept pesant chacun 40 livres ont été usés en 70 minutes. Il ne faut pas songer à franchir le détroit, qui est bien large dans notre direction. Nous aboutissons en Hollande. Du reste, le *Tricolore* est retrouvé. C'est lui qui doit revenir sur le continent.

Nous prenons terre, après avoir subi un choc qui n'a rien d'exagéré dans un champ de turneps, derrière un petit bois, le plus grand de ceux que nous avons rencontrés. Nous n'avons pas mis plus de trois minutes à le traverser.

L'ancre tient bon du premier coup. Barker, qui a fait la descente, a opéré avec une grande sûreté de coup d'œil et une grande dextérité.

Un grand nombre de paysans accourent, et les *reporters* prennent leur vol. C'est entre eux une course au clocher. Le gentleman de Cambridge les imite, mais M. Willis reste avec nous.

Un gentleman à cheval, l'ancien High Shérif du comté, est des premiers à paraître. Il s'enquiert si nous avons besoin d'aide. Après s'être assuré que tout est *all-right*, il repart aussitôt.

Je raconte aux paysans ce qui s'est passé, je les engage à aider Barker, qui régalera d'une pinte d'ale les plus méritants. J'emballe mes instruments dans ma couverture de voyage. Pauvre Glaisher, un de ses thermomètres est cassé.

Un fermier, M. William Potter, nous conduit à sa maison de campagne, dont sa femme nous fait les honneurs avec une grâce charmante.

Il nous accompagne dans sa voiture à la station du chemin de fer et nous dînons avec lui et son ami M. Ralph à l'hôtel du *Spread Eagle*.

Une foule bienveillante s'amasse à notre porte ; nous distribuons des poignées de main, des photographies et des explications sur le voyage. On nous fait promettre de revenir pour assister à une grande partie de chasse donnée en l'honneur de notre descente.

Nous avons retrouvé la même cordialité que dans les plus patriotiques parties de notre belle France. Il y avait dans l'empressement de ces braves gens quelque chose qui me rappelait l'accueil que j'ai trouvé en Belgique après mon ascension du siége.

Imprimerie Eugène HEUTTE et Cᵉ, à Saint-Germain.

Hull, 22 7bre 1874

Mon cher de Fonvielle

Vous devez vous trouver bien
étonné de mon silence ?
Apprénez qu'aussitôt après
votre départ j'ai ouvert des
négociations télégraphiques
avec Hull pour reprendre
le Tricolore, mais avant moi
des spéculateurs avaient déjà
offert 300 & 400 livres pour
l'avoir, finalement ne
pouvant leur faire concurrence
je me suis rendu à Hull
& ai offert de l'exposer une
semaine au profit de ces
hommes si différents de
ceux de Grimsby. ma femme
aussi est présente & nous réparons
ce glorieux martyr! que
nous voulons faire revivre
aussi je répare en rouge
les sinuosités de cette épave

ce sont de glorieuses cicatri-
-ces car il sera je crois le
seul ballon retrouvé après
un semblable voyage &
capable de nous conduire
au progrès c'est la tout
l'or que j'ambitionne
vous avez un peu appris à
me connaître pendant
notre séjour ensemble
en Angleterre.

J'ai pensé qu'il pouvait
vous être de quelque utilité
de savoir la vérité sur
l'histoire du Tricolore après
notre abandon, voici ce que
j'ai pu obtenir en questionnant

Le ballon n'a pas été
vu le 2 7bre mais bien le
même jour que nous, vers
8 h 1/2 il allait vers le N. E
il a été pris pour une voile
Je suppose qu'il se sera crevé
vers ce moment n'ayant
aucun autre renseignement
2 jours après le patron du
Zedora (bateau de pêche de
Hull

c'était le 3, 7bre 1874 entre 3 & 4 heures de l'après midi, le vent était alors Ouest bonne brise; il vit quelque chose flotter à environ 1/4 de mille dans le vent du bateau; & que naviguant pour s'en approcher il vit que c'était un grand panier le fond en l'air, qu'alors il le crocha et le hissa au moyen d'un palan jusqu'à la tête du mât qu'il reconnu alors qu'il y avait un filet dans lequel était quelquechose de pesant (c'était le ballon) déchiré et rempli d'eau à ce moment l'étoffe et la soupape se placèrent juste sous la quille du bateau alors il saisit avec un autre palan la partie qui était de l'autre coté du navire et fut obligé de couper le filet pour le separer de la nacelle alors à mesure qu'ils tiraient l'étoffe crevait

Cette pêche miraculeuse dura 1 h 1/2 ils étaient alors sur le bout S.E. du Dogger Bank à environ 150 mille de la Côte d'Angleterre, la rivière Humber était dans l'Ouest 1/4 Sud Ouest j'emploie les termes même des marins et si ce recit peut vous être de quelque utilité je suis heureux de vous le faire parvenir

Ma femme vous fait bien des compliments

Votre dévoué ami

Durnof

Royal Station Hotel
à Hull

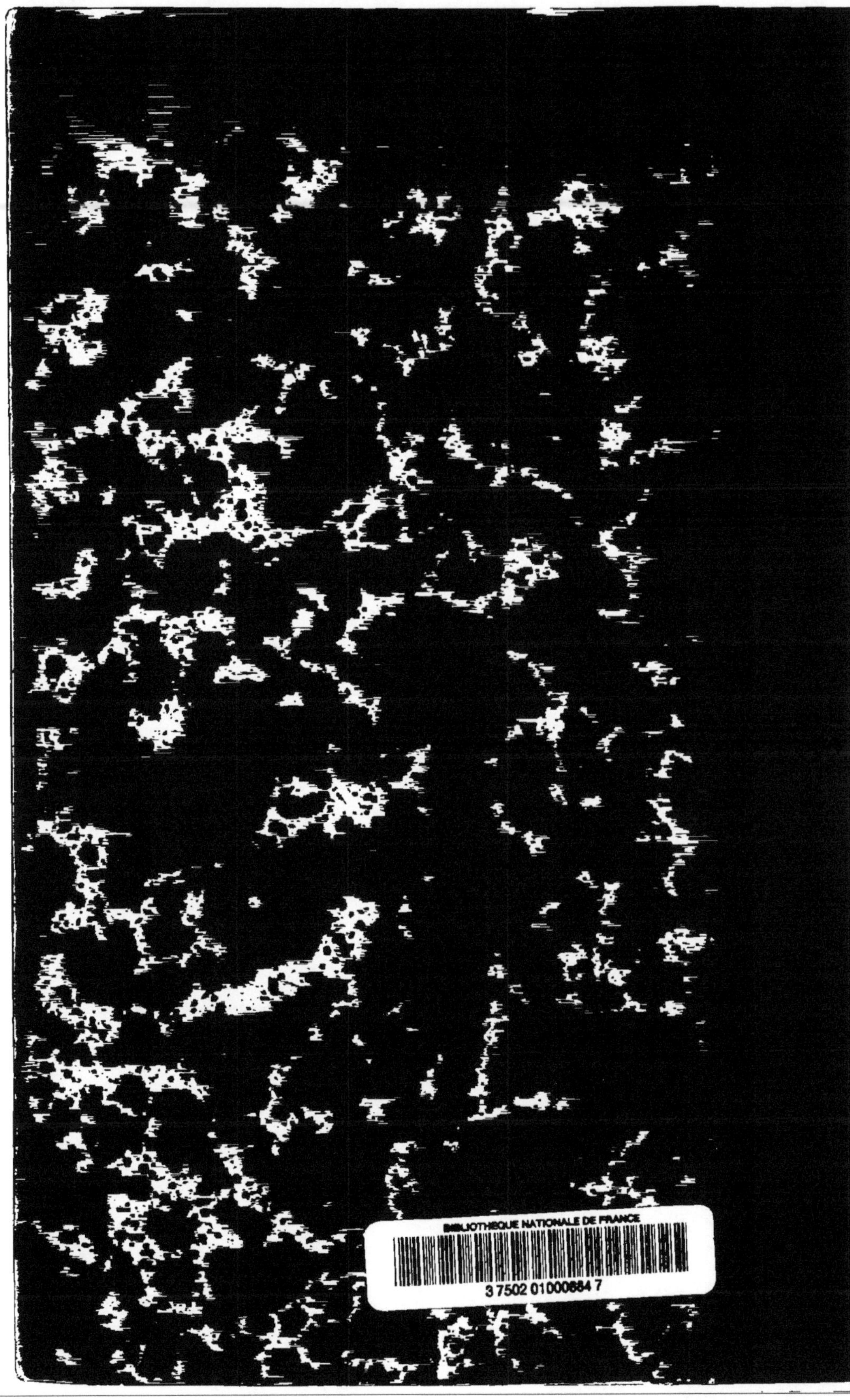